This Book Belongs To:
_____

_____

_____

Copyright © Teresa Rother
All rights reserved. No part of this publication may be reproduced, distributed, or transmitted in any form or by any means, including photocopy, recording, or other electronic or mechanical methods.

Dedication

Our Family Recipe Book is dedicated to all the families who want to preserve their favorite recipes and pass them along for generations to come.

You are my inspiration for producing this book and I'm honored to be a part of your recipe collection and organization.

How To Use this Book

This Recipe Book will help guide you by accurately recording each of your favorite family recipes and jotting down new ones throughout the upcoming years.

Here are examples of information for you to fill in and write the details of your recipe collection.

Fill in the following information:

1. Table of Contents for each recipe page
2. Recipe name
3. Servings, prep time, and cook time
4. Ingredients
5. Directions
6. From the kitchen of - place to write who the recipe is from
7. Notes

Table of Contents

Page #	Recipe Name

Table of Contents

Page #	Recipe Name

Table of Contents

Page #	Recipe Name

Table of Contents

Page #	Recipe Name

Table of Contents

Page #	Recipe Name

Table of Contents

Page #	Recipe Name

Recipe Name

Servings:_____ Prep Time:_____ Cook Time:_____

Ingredients: Directions:

From The Kitchen Of:_____

Notes

1

Recipe Name

Servings:_____ Prep Time:_____ Cook Time:_____

Ingredients:

Directions:

From The Kitchen Of:_____

Notes

Recipe Name

Servings:_____ Prep Time:_____ Cook Time:_____

Ingredients: Directions:

From The Kitchen Of:_____

Notes

3

Recipe Name

Servings:_____ Prep Time:_____ Cook Time:_____

Ingredients: Directions:

From The Kitchen Of:_____

Notes

Recipe Name

Servings:_____ Prep Time:_____ Cook Time:_____

Ingredients: Directions:

From The Kitchen Of:_____

Notes

5

Recipe Name

Servings:_____ Prep Time:_____ Cook Time:_____

Ingredients: Directions:

From The Kitchen Of:_____

Notes

Recipe Name

Servings:_____ Prep Time:_____ Cook Time:_____

Ingredients: Directions:

_____   _____
_____   _____
_____   _____
_____   _____
_____   _____
_____   _____
_____   _____
_____   _____
_____   _____
_____   _____
_____   _____
_____   _____
_____   _____
_____   _____
_____   _____
_____   _____
_____   _____
_____   _____
_____   _____
_____   _____
_____   _____
_____   _____
_____   _____
_____   _____
_____   _____

From The Kitchen Of:_____

Notes

Recipe Name

Servings:_____ Prep Time:_____ Cook Time:_____

Ingredients: Directions:

From The Kitchen Of:_____

Notes

Recipe Name

Servings:_____ Prep Time:_____ Cook Time:_____

Ingredients: Directions:

From The Kitchen Of:_____

Notes

Recipe Name

Servings:_____ Prep Time:_____ Cook Time:_____

Ingredients: Directions:

From The Kitchen Of:_____

Notes

10

Recipe Name

Servings:_____ Prep Time:_____ Cook Time:_____

Ingredients: Directions:

From The Kitchen Of:_____

Notes

Recipe Name

Servings:_____ Prep Time:_____ Cook Time:_____

Ingredients: Directions:

From The Kitchen Of:_____

Notes

Recipe Name

Servings:_____ Prep Time:_____ Cook Time:_____

Ingredients: Directions:

From The Kitchen Of:_____

Notes

13

Recipe Name

Servings:_____ Prep Time:_____ Cook Time:_____

Ingredients: Directions:

From The Kitchen Of:_____

Notes

Recipe Name

Servings:_____ Prep Time:_____ Cook Time:_____

Ingredients: Directions:

From The Kitchen Of:_____

Notes

15

Recipe Name

Servings:_____ Prep Time:_____ Cook Time:_____

Ingredients: Directions:

From The Kitchen Of:_____

Notes

Recipe Name

Servings:_____ Prep Time:_____ Cook Time:_____

Ingredients: Directions:

From The Kitchen Of:_____

Notes

Recipe Name

Servings:_____ Prep Time:_____ Cook Time:_____

Ingredients: Directions:

From The Kitchen Of:_____

Notes

Recipe Name

Servings:_____ Prep Time:_____ Cook Time:_____

Ingredients: Directions:

From The Kitchen Of:_____

Notes

19

Recipe Name

Servings:_____ Prep Time:_____ Cook Time:_____

Ingredients: Directions:

From The Kitchen Of:_____

Notes

20

Recipe Name

Servings:_____ Prep Time:_____ Cook Time:_____

Ingredients: Directions:

_____   _____
_____   _____
_____   _____
_____   _____
_____   _____
_____   _____
_____   _____
_____   _____
_____   _____
_____   _____
_____   _____
_____   _____
_____   _____
_____   _____
_____   _____
_____   _____
_____   _____
_____   _____
_____   _____
_____   _____
_____   _____
_____   _____
_____   _____

From The Kitchen Of:_____

Notes

21

Recipe Name

Servings:_____ Prep Time:_____ Cook Time:_____

Ingredients:

Directions:

From The Kitchen Of:_____

Notes

Recipe Name

Servings:_____ Prep Time:_____ Cook Time:_____

Ingredients: Directions:

_____   _____
_____   _____
_____   _____
_____   _____
_____   _____
_____   _____
_____   _____
_____   _____
_____   _____
_____   _____
_____   _____
_____   _____
_____   _____
_____   _____
_____   _____
_____   _____
_____   _____
_____   _____
_____   _____
_____   _____
_____   _____
_____   _____

From The Kitchen Of:_____

Notes

Recipe Name

Servings:_____ Prep Time:_____ Cook Time:_____

Ingredients: Directions:

From The Kitchen Of:_____

Notes

24

Recipe Name

Servings:_____ Prep Time:_____ Cook Time:_____

Ingredients: Directions:

From The Kitchen Of:_____

Notes

25

Recipe Name

Servings:_____ Prep Time:_____ Cook Time:_____

Ingredients: Directions:

From The Kitchen Of:_____

Notes

Recipe Name

Servings:_____ Prep Time:_____ Cook Time:_____

Ingredients: Directions:

From The Kitchen Of:_____

Notes

27

Recipe Name

Servings:_____ Prep Time:_____ Cook Time:_____

Ingredients: Directions:

From The Kitchen Of:_____

Notes

Recipe Name

Servings:_____ Prep Time:_____ Cook Time:_____

Ingredients: Directions:

From The Kitchen Of:_____

Notes

29

Recipe Name

Servings:_____ Prep Time:_____ Cook Time:_____

Ingredients:

Directions:

From The Kitchen Of:_____

Notes

30

Recipe Name

Servings:_____ Prep Time:_____ Cook Time:_____

Ingredients: Directions:

From The Kitchen Of:_____

Notes

31

Recipe Name

Servings:_____ Prep Time:_____ Cook Time:_____

Ingredients:					Directions:

From The Kitchen Of:_____

Notes

Recipe Name

Servings:_____ Prep Time:_____ Cook Time:_____

Ingredients: Directions:

_____   _____
_____   _____
_____   _____
_____   _____
_____   _____
_____   _____
_____   _____
_____   _____
_____   _____
_____   _____
_____   _____
_____   _____
_____   _____
_____   _____
_____   _____
_____   _____
_____   _____
_____   _____
_____   _____
_____   _____

From The Kitchen Of:_____

Notes

Recipe Name

Servings:_____ Prep Time:_____ Cook Time:_____

Ingredients: Directions:

From The Kitchen Of:_____

Notes

34

Recipe Name

Servings:_____ Prep Time:_____ Cook Time:_____

Ingredients: Directions:

From The Kitchen Of:_____

Notes

35

Recipe Name

Servings:_____ Prep Time:_____ Cook Time:_____

Ingredients: Directions:

From The Kitchen Of:_____

Notes

Recipe Name

Servings:_____ Prep Time:_____ Cook Time:_____

Ingredients: Directions:

From The Kitchen Of:_____

Notes

Recipe Name

Servings:_____ Prep Time:_____ Cook Time:_____

Ingredients: Directions:

From The Kitchen Of:_____

Notes

Recipe Name

Servings:_____ Prep Time:_____ Cook Time:_____

Ingredients: Directions:

From The Kitchen Of:_____

Notes

Recipe Name

Servings:_____ Prep Time:_____ Cook Time:_____

Ingredients: Directions:

From The Kitchen Of:_____

Notes

40

Recipe Name

Servings:_____ Prep Time:_____ Cook Time:_____

Ingredients:

Directions:

From The Kitchen Of:_____

Notes

Recipe Name

Servings:_____ Prep Time:_____ Cook Time:_____

Ingredients: Directions:

From The Kitchen Of:_____

Notes

42

Recipe Name

Servings:_____ Prep Time:_____ Cook Time:_____

Ingredients: Directions:

From The Kitchen Of:_____

Notes

43

Recipe Name

Servings:_____ Prep Time:_____ Cook Time:_____

Ingredients: Directions:

From The Kitchen Of:_____

Notes

44

Recipe Name

Servings:_____ Prep Time:_____ Cook Time:_____

Ingredients: Directions:

From The Kitchen Of:_____

Notes

45

Recipe Name

Servings:_____ Prep Time:_____ Cook Time:_____

Ingredients: Directions:

From The Kitchen Of:_____

Notes

Recipe Name

Servings:_____ Prep Time:_____ Cook Time:_____

Ingredients: Directions:

From The Kitchen Of:_____

Notes

47

Recipe Name

Servings:_____ Prep Time:_____ Cook Time:_____

Ingredients: Directions:

From The Kitchen Of:_____

Notes

Recipe Name

Servings:_____ Prep Time:_____ Cook Time:_____

Ingredients: Directions:

From The Kitchen Of:_____

Notes

49

Recipe Name

Servings:_____ Prep Time:_____ Cook Time:_____

Ingredients: Directions:

From The Kitchen Of:_____

Notes

50

Recipe Name

Servings:_____ Prep Time:_____ Cook Time:_____

Ingredients: Directions:

From The Kitchen Of:_____

Notes

51

Recipe Name

Servings:_____ Prep Time:_____ Cook Time:_____

Ingredients: Directions:

From The Kitchen Of:_____

Notes

52

Recipe Name

Servings:_____ Prep Time:_____ Cook Time:_____

Ingredients: Directions:

From The Kitchen Of:_____

Notes

53

Recipe Name

Servings:_____ Prep Time:_____ Cook Time:_____

Ingredients: Directions:

From The Kitchen Of:_____

Notes

Recipe Name

Servings:_____ Prep Time:_____ Cook Time:_____

Ingredients: Directions:

From The Kitchen Of:_____

Notes

55

Recipe Name

Servings:_____ Prep Time:_____ Cook Time:_____

Ingredients: Directions:

From The Kitchen Of:_____

Notes

Recipe Name

Servings:_____ Prep Time:_____ Cook Time:_____

Ingredients: Directions:

_____   _____
_____   _____
_____   _____
_____   _____
_____   _____
_____   _____
_____   _____
_____   _____
_____   _____
_____   _____
_____   _____
_____   _____
_____   _____
_____   _____
_____   _____
_____   _____
_____   _____
_____   _____
_____   _____
_____   _____
_____   _____

From The Kitchen Of:_____

Notes

Recipe Name

Servings:_____ Prep Time:_____ Cook Time:_____

Ingredients: Directions:

From The Kitchen Of:_____

Notes

58

Recipe Name

Servings:_____ Prep Time:_____ Cook Time:_____

Ingredients: Directions:

_____   _____
_____   _____
_____   _____
_____   _____
_____   _____
_____   _____
_____   _____
_____   _____
_____   _____
_____   _____
_____   _____
_____   _____
_____   _____
_____   _____
_____   _____
_____   _____
_____   _____
_____   _____
_____   _____
_____   _____
_____   _____

From The Kitchen Of:_____

Notes

Recipe Name

Servings:_____Prep Time:_____Cook Time:_____

Ingredients: Directions:

From The Kitchen Of:_____

Notes

60

Recipe Name

Servings:_____ Prep Time:_____ Cook Time:_____

Ingredients: Directions:

From The Kitchen Of:_____

Notes

Recipe Name

Servings:_____ Prep Time:_____ Cook Time:_____

Ingredients: Directions:

From The Kitchen Of:_____

Notes

62

Recipe Name

Servings:_____ Prep Time:_____ Cook Time:_____

Ingredients: Directions:

From The Kitchen Of:_____

Notes

Recipe Name

Servings:_____ Prep Time:_____ Cook Time:_____

Ingredients: Directions:

From The Kitchen Of:_____

Notes

Recipe Name

Servings:_____ Prep Time:_____ Cook Time:_____

Ingredients: Directions:

From The Kitchen Of:_____

Notes

65

Recipe Name

Servings:_____ Prep Time:_____ Cook Time:_____

Ingredients: Directions:

From The Kitchen Of:_____

Notes

Recipe Name

Servings:_____ Prep Time:_____ Cook Time:_____

Ingredients: Directions:

From The Kitchen Of:_____

Notes

Recipe Name

Servings:_____ Prep Time:_____ Cook Time:_____

Ingredients: Directions:

From The Kitchen Of:_____

Notes

Recipe Name

Servings:_____ Prep Time:_____ Cook Time:_____

Ingredients: Directions:

From The Kitchen Of:_____

Notes

69

Recipe Name

Servings:_____ Prep Time:_____ Cook Time:_____

Ingredients: Directions:

From The Kitchen Of:_____

Notes

70

Recipe Name

Servings:_____ Prep Time:_____ Cook Time:_____

Ingredients:

Directions:

From The Kitchen Of:_____

Notes

Recipe Name

Servings:_____ Prep Time:_____ Cook Time:_____

Ingredients: Directions:

From The Kitchen Of:_____

Notes

72

Recipe Name

Servings:_____ Prep Time:_____ Cook Time:_____

Ingredients: Directions:

From The Kitchen Of:_____

Notes

73

Recipe Name

Servings:_____ Prep Time:_____ Cook Time:_____

Ingredients:

Directions:

From The Kitchen Of:_____

Notes

Recipe Name

Servings:_____ Prep Time:_____ Cook Time:_____

Ingredients: Directions:

From The Kitchen Of:_____

Notes

75

Recipe Name

Servings:_____ Prep Time:_____ Cook Time:_____

Ingredients: Directions:

From The Kitchen Of:_____

Notes

Recipe Name

Servings:_____ Prep Time:_____ Cook Time:_____

Ingredients:					Directions:

From The Kitchen Of:_____

Notes

Recipe Name

Servings:_____ Prep Time:_____ Cook Time:_____

Ingredients: Directions:

From The Kitchen Of:_____

Notes

Recipe Name

Servings:_____ Prep Time:_____ Cook Time:_____

Ingredients: Directions:

From The Kitchen Of:_____

Notes

Recipe Name

Servings:_____ Prep Time:_____ Cook Time:_____

Ingredients: Directions:

From The Kitchen Of:_____

Notes

80

Recipe Name

Servings:_____ Prep Time:_____ Cook Time:_____

Ingredients:

Directions:

From The Kitchen Of:_____

Notes

Recipe Name

Servings:_____ Prep Time:_____ Cook Time:_____

Ingredients: Directions:

_____   _____
_____   _____
_____   _____
_____   _____
_____   _____
_____   _____
_____   _____
_____   _____
_____   _____
_____   _____
_____   _____
_____   _____
_____   _____
_____   _____
_____   _____
_____   _____
_____   _____
_____   _____
_____   _____

From The Kitchen Of:_____

Notes

Recipe Name

Servings:_____ Prep Time:_____ Cook Time:_____

Ingredients: Directions:

From The Kitchen Of:_____

Notes

83

Recipe Name

Servings:_____ Prep Time:_____ Cook Time:_____

Ingredients: Directions:

From The Kitchen Of:_____

Notes

Recipe Name

Servings:_____ Prep Time:_____ Cook Time:_____

Ingredients: Directions:

From The Kitchen Of:_____

Notes

85

Recipe Name

Servings:_____ Prep Time:_____ Cook Time:_____

Ingredients: Directions:

From The Kitchen Of:_____

Notes

86

Recipe Name

Servings:_____ Prep Time:_____ Cook Time:_____

Ingredients: Directions:

_____   _____
_____   _____
_____   _____
_____   _____
_____   _____
_____   _____
_____   _____
_____   _____
_____   _____
_____   _____
_____   _____
_____   _____
_____   _____
_____   _____
_____   _____
_____   _____
_____   _____
_____   _____
_____   _____
_____   _____
_____   _____
_____   _____
_____   _____
_____   _____
_____   _____

From The Kitchen Of:_____

Notes
_____
_____

Recipe Name

Servings:_____ Prep Time:_____ Cook Time:_____

Ingredients:　　　　　　　　Directions:

From The Kitchen Of:_____

Notes

88

Recipe Name

Servings:_____ Prep Time:_____ Cook Time:_____

Ingredients:　　　　　　　　Directions:

From The Kitchen Of:_____

Notes

89

Recipe Name

Servings:_____ Prep Time:_____ Cook Time:_____

Ingredients: Directions:

From The Kitchen Of:_____

Notes

Recipe Name

Servings:_____ Prep Time:_____ Cook Time:_____

Ingredients: Directions:

From The Kitchen Of:_____

Notes

Recipe Name

Servings:_____ Prep Time:_____ Cook Time:_____

Ingredients: Directions:

From The Kitchen Of:_____

Notes

Recipe Name

Servings:_____ Prep Time:_____ Cook Time:_____

Ingredients: Directions:

From The Kitchen Of:_____

Notes

93

Recipe Name

Servings:_____ Prep Time:_____ Cook Time:_____

Ingredients: Directions:

From The Kitchen Of:_____

Notes

94

Recipe Name

Servings:_____ Prep Time:_____ Cook Time:_____

Ingredients: Directions:

From The Kitchen Of:_____

Notes

95

Recipe Name

Servings:_____ Prep Time:_____ Cook Time:_____

Ingredients: Directions:

_____   _____
_____   _____
_____   _____
_____   _____
_____   _____
_____   _____
_____   _____
_____   _____
_____   _____
_____   _____
_____   _____
_____   _____
_____   _____
_____   _____
_____   _____
_____   _____
_____   _____
_____   _____
_____   _____
_____   _____

From The Kitchen Of:_____

Notes

Recipe Name

Servings:_____ Prep Time:_____ Cook Time:_____

Ingredients: Directions:

From The Kitchen Of:_____

Notes

97

Recipe Name

Servings:_____ Prep Time:_____ Cook Time:_____

Ingredients: Directions:

From The Kitchen Of:_____

Notes

Recipe Name

Servings:_____ Prep Time:_____ Cook Time:_____

Ingredients: Directions:

From The Kitchen Of:_____

Notes

99

Recipe Name

Servings:_____ Prep Time:_____ Cook Time:_____

Ingredients: Directions:

From The Kitchen Of:_____

Notes

100

Recipe Name

Servings:_____ Prep Time:_____ Cook Time:_____

Ingredients: Directions:

From The Kitchen Of:_____

Notes

101

Recipe Name

Servings:_____ Prep Time:_____ Cook Time:_____

Ingredients: Directions:

From The Kitchen Of:_____

Notes

www.ingramcontent.com/pod-product-compliance
Lightning Source LLC
Chambersburg PA
CBHW081156070526
44583CB00021B/2857